Codex of Love: Bendita ternura

Poems /Poemas by

Liliana Valenzuela

CODEX OF LOVE: Bendita ternura

Poems/Poemas by Liliana Valenzuela

FlowerSong Books
McAllen, Texas 78501

Copyright © 2020 by Liliana Valenzuela
c/o Stuart Bernstein Representation for Artists • stuart@stuartbernstein.com

ISBN: 978--1-7338092-6-9

Published by FlowerSong Books
in the United States of America.
www.flowersongbooks.com
www.LilianaValenzuela.com

Set in Adobe Garamond Pro

Cover design and typeset by Matthew Revert

No part of this book may be reproduced without
written permission from the publisher.

All inquiries and permission requests should be
addressed c/o Stuart Bernstein Representation for Artists • stuart@stuartbernstein.com

In memory of Angela McEwan
A la memoria de mis padres y mi hermana
To poets everywhere
A los poetas de hoy y siempre

"Communing with the source, travel the pathways, embrace the territory and treasure the road."

> —from Song of the Precious Mirror Samadhi,
> IX century Zen poem

"Adentrarse en la fuente e ir por la vía, abarcar el paisaje y apreciar el camino".

> —del poema zen, El samadhi del espejo preciado, siglo IX

Contents

11 Prefacio
17 Preface

Desire: Bendito clítoris
25 Solstice Moon
26 Luna de solsticio
27 Best Western Motel on Hwy. 290
30 Motel Best Western, Autopista 290
32 Q. Skin / A. Life Force
33 Pregunta: Piel / Respuesta: Impulso vital
35 Untitled
36 Sin título
37 Kiss
38 Beso
39 Damned Dream
40 Sueño maldito
41 Your Head
42 Tu cabeza

Ekphrastic Poems - imágenes
45 Home
47 Hogar
49 Goddess of the Terraced Roof
50 Diosa de azotea
51 Click
53 Clic
55 Tríptico: 'On the Beach'
58 Tríptico: En la playa

Where I'm From: De dónde soy

63 Where I'm from
66 De dónde soy
69 My Mother's Tears
72 Las lágrimas de mi madre
75 Embajadoras Park, Guanajuato, Mexico
76 Parque de las Embajadoras, Guanajuato, México
77 The Desk Drawer
80 El cajón del escritorio
83 Mano de plata / Silver Hand
85 Mano de plata
87 Church of the Sacred Heart, Guanajuato, Mexico
88 Iglesia del Sagrado Corazón, Guanajuato, México
89 The Stray Lamb
91 La oveja extraviada

El norte: U.S.A.

95 Nov. 2, 1998: On the Eve of Becoming an American Citizen
97 2 de noviembre de 1998: En vísperas de convertirme en ciudadana americana
99 *Pan*
101 Pan
103 Today I Stop the River in its Track
107 Hoy detengo el curso de los ríos
111 Circles
112 Círculos
113 Pas de Deux (English)
115 Pas de Deux (Spanish)
117 Grandpa's Ashes
122 Las cenizas del abuelo

127	Darkness
128	Oscuridad
129	Por el camino andamos (English)
131	Por el camino andamos (Spanish)
133	Boys Punching Walls
135	Chicos apuñeteando paredes
137	Divertissement on a Trip to Veracruz
139	Divertimento sobre un viaje por Veracruz
141	Rancho Coyote (English)
143	Rancho Coyote (Spanish)

Mundo y espíritu: *Spiritus mundi*

147	shaman if lightning strikes
148	curandera si me cae un rayo
149	The Museum of the Río Grande
152	El museo del Río Grande
155	Kin
157	Parientes
159	The Candelaria Festival
161	La feria de la Candelaria
164	I see the Big Bang in your eyes
165	Veo el Big Bang en tus ojos
166	Fairy Dust
168	Polvo de hadas
170	La Gruta (English)
173	La Gruta (Spanish)
177	Bios and Acknowledgements

Poesía y poética en Codex of Love: Bendita ternura *de Liliana Valenzuela*

> "Yo quise ser como los hombres quisieron
> que yo fuese:
> un intento de vida;
> un juego al escondite con mi ser.
> pero yo estaba hecha de presentes,
> y mis pies planos sobre la tierra promisora
> no resistían caminar hacia atrás
> y seguían adelante, adelante,
> y seguían adelante, adelante,
> burlando las cenizas para alcanzar el beso
> de los senderos nuevos".
>
> Julia de Burgos

La poesía de Liliana Valenzuela es la poética de la rayuela hecha sensaciones, perplejidades y retrospecciones. Nada se niega y todo se reafirma en lo verosímil de la descabellada imaginación. Lo estético no renuncia lo grotesco. El amor no renuncia al odio. Lo histórico se entrelaza con lo mítico. Los idiomas (español e inglés) se vuelven presentes y ausentes. El despego anuncia lo concreto. Es una poesía que invita al vuelo idílico con caídas abruptas, asensos esplendorosos y descensos infernales. Lejos, muy lejos de esta poesía, está la conformidad o lo convencional. Los lectores debemos esperar que los purismos queden soslayados. Pero la no existencia de purismos no significa que no exista una poesía pura en Valenzuela. De hecho, en este poemario se dan elevaciones puristas con frecuencia.

Los recursos utilizados por la creadora para emprender el viaje poético son muchos y variados. Entre ellos se destaca la observación antropológica que agudiza la percepción ocular. Esta mirada detallada se acompaña de una visión sociológica que no se le escapa al lector sagaz. Otro elemento ricamente utilizado por la poeta es la música. Existe la sensación de escuchar corridos, canciones, baladas y boleros interpretados íntimamente en la entrelínea de los versos. También se da la intervención de la fotografía como recurso artístico intercalado con la poesía. La escritora hace versos de la imagen fotográfica. Sin lugar a duda, el recurso estilístico que más se destaca es el lingüístico. La escritora es una magnífica y muy reconocida traductora. Y precisamente con estas destrezas lograr crear un malabarismo en su poesía. Nunca sabremos por completo cuales versiones (o creaciones) de los poemas fueron escritos primero en inglés o español. ¿Acaso se escribieron a la par, independientemente, traducidos, intervenidos? El lector disfrutará de esa perplejidad.

El poemario posee una estructura, un esqueleto metafórico interesante. En la primera sección (**Desire: Bendito clítoris**) la poesía nada entre la prosa poética y el lirismo versificado. En estos primeros versos del libro se da un erotismo depurado. La sensualidad se abastece de flora y fauna: "Las golondrinas purpúreas, los gorriones y los cenzontles cantan toda la noche, confundidos por la luz. Una canción abrupta, un gemido, un batir de alas, pájaros multiplicados en altos nidos, la noche se aquieta". (*Luna de solsticio*) o "las orquídeas se desvanecen/ brazos musculosos (*Motel Best Western, Autopista 290*). La carnalidad se transmuta en poesía en los poemas *Pregunta: Piel* y *Respuesta: Impulso vital.* Estos son poemas bañados en interrogativas y respuestas que se traducen a un manifiesto de axiomas de lo que es y podrá ser la sexualidad humana. En el poema *Sueño maldito* lo mítico y lo diabólico se unen para expresar el deseo infinito que no se apaga: "I dream of Lucifer, who wakes my cunt, inserting fleshy serpents, he fills, shakes and drives me wild."

La segunda sección del libro (**Ekphrastic Poems-imágenes**) se destaca por su tono culterano. Ese sentido culto por la poesía es manifestado con la presencia de la fotografía como arte y visualización íntima. Esto se ve claro en el poema *Home* donde surge un giro en el poemario donde la escritora hace un retorno a su hogar vía una fotografía que le recuerda un entorno universal de la contaminación: "skin burning/ nostril-incapacitating/liquid or gases/the hum and grind of metal." El regreso al hogar también puede ser a nivel nacional-carnal como se ve en el poema *Diosa de Azotea*: "en el torso y los tobillos/sobre una cobija de lana a rayas/esa gruesa lana mexicana." Son varios los regresos hogareños como aquel visto en el poema *Click* que presenciamos el regreso a la violencia: "a young man/in a neatly ironed checkered shirt/wearing pants with a belt/spills his blood/on the pavement." El regreso al hogar también es el regreso al amor que nos brinda tal vez la mayor seguridad que un hogar pueda brindar como vemos en el poema *Tríptico: on the beach*, poema que a la vez rescata la sensualidad de la primera parte del poemario: "intertwined/her leg over his hip/they gaze into each/other's eyes, like shells, /like newborn clams."

En la tercera sección del libro (**Where I'm from: de dónde soy**) los poemas representan una letanía mística de una mexicanidad vivida y transportada. Veamos como ejemplo el poema *Where I'm from*: "I am a Tejana from Mexico City/ who ended up in the north/and raised her children here/But I never forget my people/not here not there." Esta es una mexicanidad cíclica que viene del pasado maternal y se entierra en el presente que rescata a la vez ese pasado: "My mother's tears/are my own/ today/as I weep for that errant son." Y la verdad del pasado es un desorden que requiere un espacio ordenado en la memoria del presente para darle sentido a la vida como vemos en el poema *The Desk Drawer*: "others spoke of a barely contained chaos/ como el closet de la cocina." Pero el caos, el desorden tiene un propósito: esconder el pasado. Veamos en el mismo poema: "My father kept my older half-brother/Locked in the top drawer." Porque después de todo esta es la sección de "de dónde soy" o tal vez de dónde somos. Esta es la incógnita que nunca se resuelve en este poemario.

En la penúltima y cuarta sección del libro (**El norte: U.S.A**) se presentan y se concretan los poemas que ya se venían anunciando en la segunda sección del poemario. Estamos ante unos poemas que representan la centralización descentralizada. Por un lado, aquí la realidad se localiza como en el poema *November 2, 1998*: "My life is here now/raising my bilingual chilpayates". Pero en esta sección también la voz poética ha madurado en su visión política como visto en el mismo poema: "Welcome Paisano, Bienvenidos amigo/hasta que se le prendió el foco, cabrones/Ahora sí, pásenle, que su nopal está lleno de tunas." La sección **El Norte** es como un tranvía que hace varias paradas existenciales. La poeta se detiene ante el entorno geográfico planetario, revisa y reviste lo que es ser madre y crear hijos fuertes e independientes, examina locuras de los antepasados, hace salutaciones histórico-políticas y madura en axiomas filosóficos como visto en el poema *Hoy detengo el curso de los ríos*: "La mente y la razón no explican el alma/se quedan mudos, piedras rugosas/La mente   hilo que se corta/ no alcanza/La entrega que reposa en el corazón/En el corazón hay espacio para todo/no pregunta,/acepta".

En la última sección del poemario (**Mundo y espíritu: Spiritus mundi**) la poeta se vuelve peregrina, peregrina en sí misma y peregrina en el mundo. En ese vasto mundo desolado busca una sabiduría que se torna intermitente. Voces de curanderas redentoras, voces que construyen museos de redención, voces del destierro, voces de muertes valleinclanescas, cuerpos desaparecidos en aeropuertos y un deseo insaciable de regresarlos a una existencia poética es la estrella norte de la poeta. Tal vez ese rescate sea un rescate propio, un intento de verse a sí misma en los otros. Un paradigma de su propio ser. No olvidemos que a través de todo el poemario se plantea siempre un search/research de parte de la poeta. Esta última sección del poemario sea posiblemente la más filosófica. El poema *Veo el Bing Bang en tus ojos* ejemplifica lo dicho: "¿Es la misma conciencia/desde antes de que existieran los humanos? / ¿Es la misma conciencia/desde antes de que naciéramos?"

Codex of Love: Bendita ternura es un libro que requiere un profundo análisis. Este breve ensayo es solo un vano intento de comenzar un diálogo que requiere varios textos para comprender la ternura y la bendición expuesta en estos poemas.

Como todo códice, hay una antigüedad en estos poemas. Hay un universalismo oculto que requiere una presencia activa del lector. Lo del amor, se sobra en cada verso. Un amor al arte, a la poesía, al ser amado y a la humanidad entera. Pero hay muchos misterios que futuros lectores podrán descifrar en este libro. Hay toda una poética que ya futuras generaciones podrán desarmar para luego elevarnos a una mejor comprensión de lo que es ser un ser humano.

—Benito Pastoriza Iyodo, autor de *Cuestión de hombres* y otros libros de narrativa y poesía.

Poetry and poetics in Codex of Love: Bendita ternura [Blessed Tenderness] by Liliana Valenzuela

> "I wanted to be like men wanted me to be:
> an attempt at life;
> a game of hide and seek with my being.
> But I was made of nows,
> and my feet level on the promissory earth
> would not accept walking backwards
> and went forward, forward,
> mocking the ashes to reach the kiss
> of new paths."
> Julia de Burgos [Translation by Jack Agüeros]

Liliana Valenzuela's poetry is the poetics of hopscotch expressed as feelings, perplexities, and retrospections. Nothing is denied and everything is reaffirmed in the plausibility envisioned by her wild imagination. The aesthetic does not forswear the grotesque. Love does not forswear hate. History and myth are intertwined. Languages (Spanish and English) are present and absent. Detachment introduces materiality. These poems sweep us away on an idyllic flight, alternately swooping and soaring and diving from magnificent heights to hellish depths. They are a long way away from conformity and convention. We, the readers, should expect that all purisms have been circumvented. But the absence of purisms does not mean that we will find no pure poetry in Valenzuela's work. In fact, the poems in this collection frequently ascend to purist heights.

Valenzuela has drawn from an eclectic range of resources

during her poetic journey. For example, she relies on an anthropological perspective that sharpens her perception as she gazes through a sociological lens that shrewd readers will not fail to notice. Her verses are also infused with music and, as we read, we seem to hear songs, ballads, and boleros playing softly between the lines. Photography too plays a role in these poetic performances as she renders poems inspired by photographic images. There can be no doubt, however, that linguistics is this poet's most outstanding stylistic resource. Valenzuela is a gifted translator of considerable renown, and it is her skills in that field that equip her to juggle languages so effectively in her poems. We will never know with any certainty which versions (or creations) of these poems were originally written in English or Spanish. Were they composed at the same time? Separately? Translated? Adapted? Readers will enjoy this particular perplexity.

This collection has an underlying structure, an interesting metaphorical skeleton. Some of the poems in the first section (**Desire: Bendito clítoris [Blessed Clitoris]**) are written in poetic prose; others in lyrical verse. All are steeped in a refined eroticism, their sensuality nurtured by flora and fauna: "Purple martins, sparrows, and mockingbirds sing through the night, confounded by the light. A jagged song, a cry, the beating of wings, birds multiplied in tall nests, the evening stands still." (*Solstice Moon*), and: "Orchids wane / taut arms" (*Best Western Motel on Hwy. 290*). Lust is transmuted into poetry in *Q. Skin* and *A. Life Force*. These poems teem with questions and answers translated into a manifesto of axioms that posit what human sexuality is and what it could be. In *Damned Dream*, mythical and diabolical forces combine to express a boundless, unquenchable desire: "I dream of Lucifer, who wakes my cunt, inserting fleshy serpents, he fills, shakes and drives me wild."

A sense of refinement permeates the second section of the book (**Ekphrastic Poems-imágenes**). A cultivated appreciation for poetry is apparent in the use of photography as an art form and a vehicle for providing insights into a personal, private world. In *Home*, Valenzuela returns to her childhood environs via a photograph that evokes memories of an all-pervasive pall of pollution: "skin burning / nostril-incapacitating / liquid or gases / the hum and grind of metal." Homeward journeys can also be evoked by indigenous artifacts and naked flesh, as in the poem *Goddess of the Terraced Roof*: "torso and ankles / lying on a striped blanket of wool / that thick Mexican kind." Several poems in this collection explore different takes on the idea of returning, as in *Click*, where we witness a return to violence: "a young man / in a neatly ironed checkered shirt / wearing pants with a belt / spills his blood / on the pavement." Valenzuela seems to suggest that going home can also mean returning to a love that provided perhaps the greatest sense of security that a home can offer, as in *Tríptico: 'On the Beach'*, which recalls the sensuality of the poems in the first section of the book: "intertwined / her leg over his hip / they gaze into each / other's eyes, like shells, / like newborn clams."

In the third section (**Where I'm from: de dónde soy**), each poem is a mystical ode to the author's indelible sense of Mexican identity, the selfhood she carried with her when she left her home and ventured out into the world. See, for example, *Where I'm From*: "I am a Tejana from Mexico City / who ended up in the north / and raised her children here / But I never forget my people / not here not there." It is a cyclical identity that was formed in a maternal past and put down roots in a present that somehow recalls that earlier time: "My mother's tears / are my own / today / as I weep for that errant son." (*My Mother's Tears*). The untidiness of the poet's childhood home demands an orderly space in her present-day memory that can make sense of life, as we see in *The Desk Drawer*: "others spoke of a barely contained chaos / como el closet de la cocina [like the kitchen closet]." But there is a reason for the chaos: the untidiness obscures the past. Later in the same poem we learn that: "My father kept my older half-brother / Locked in the top drawer." This section is, after all, about "Where I'm from;" or perhaps where we are from. This is a mystery that is never solved in this anthology.

In the fourth section of the book, (**El norte: U.S.A**), we come to the poems that were hinted at earlier on, in the second section, which deal with a decentralized centralization. In one sense we encounter a localized reality, as in *November 2, 1998: On the Eve of Becoming an American Citizen*: "My life is here now / raising my bilingual chilpayates [kids]". But we also find, later in the same poem, that the poet's political awareness has matured: "Welcome Paisano, Bienvenidos amigo / hasta que se le prendió el foco, cabrones / Ahora sí, pásenle, que su nopal está lleno de tunas." This section is like a streetcar that makes several existential stops. Valenzuela pauses to consider her place on the planet, reexamines and reviews what it means to be a mother and raise strong, independent children, contemplates the craziness of her forebears, salutes the historical and political past, and delivers profound philosophical observations, as in *Today I Stop the River in its Track*: "Mind and reason can't explain the soul / they're mute as wrinkled stones. / The mind / a thread we cut / doesn't quite reach. Surrender nestled in the heart. In the heart there's room for everything / don't ask, / accept."

In the final section, (**Mundo y espíritu [World and Spirit]: Spiritus mundi**), the poet has become a pilgrim, a seeker within and without herself, exploring the vast, desolate world in search of intermittent sources of wisdom. Voices of redeeming folk healers, voices that build museums of redemption, voices that speak of exile, voices of Valle-Inclán deaths, bodies that disappear in airports: Valenzuela's consuming desire is to restore them all to a poetic existence. Maybe this reflects her own attempt to see herself in others. A paradigm of her own self. We must not overlook the fact that the poems in this collection are an essential expression of her search/research. This final section is perhaps the most philosophical part of the book. Consider this: *I See the Big Bang in Your Eyes*: "Is this the same awareness / since before humans existed? / Is this the same awareness / since before we were born?"

Codex of Love: Bendita ternura is a book that deserves a thorough analysis. This brief essay is but a vain attempt to spark a dialogue, a conversation that might, in time, shed light on the tenderness and the blessing expressed in these poems. A codex is, after all, an ancient manuscript, and this one speaks with the wisdom of the ages. Universal themes are woven into these verses, waiting to be discovered by perceptive readers. Love abounds; love of art, of poetry, of loved ones, and of all humanity. But there are also many mysteries to be solved. Future generations will find an entire poetics here that, once dismantled, will help to transport us to a greater understanding of what it means to be a human being.

>—Benito Pastoriza Iyodo, author of *A Matter of Men* and other fiction and poetry books.
>—Translated from the Spanish by Tony Beckwith, author of *My Uruguay: Vignettes from a Way of Life*.

Desire: Bendito clítoris

Solstice Moon

Sleeping in the nude, under bright moonlight, a man and a woman love the evening in swift strokes, the breeze surfing through the open porch, the clouds parting to underscore this solstice moon. Drenched in sweat, they have moon in their eyes and sleep finds them, silver-bathed. Purple martins, sparrows, and mockingbirds sing through the night, confounded by the light. A jagged song, a cry, the beating of wings, birds multiplied in tall nests, the evening stands still. A man and a woman lay side by side on thin mats, caressed by the wind, at the mercy of stars.

Luna de solsticio

Durmiendo desnudos, bajo una luna brillante, un hombre y una mujer aman la noche en raudas brazadas, la brisa barre la terraza abierta, las nubes se abren para resaltar esta luna de solsticio. Empapados de sudor, ellos tienen luna en los ojos y el sueño los encuentra, bañados en plata. Las golondrinas purpúreas, los gorriones y los cenzontles cantan toda la noche, confundidos por la luz. Una canción abrupta, un gemido, un batir de alas, pájaros multiplicados en altos nidos, la noche se aquieta. Un hombre y una mujer se recuestan lado a lado en colchonetas delgadas, acariciados por el viento, a la merced de las estrellas.

Best Western Motel on Hwy. 290

To George

we got out of Dodge

fast as a highway

                    to prairieville

    scuffed boots

bandana nirvana

               In the name of bellybutton

    and pubics

pheromone pie

      heart chakra

rattler awakes

    uncoils   ready to strike

bites hard

        riveted to each other's reggae

                orchids wane

taut arms   and chest black with

  one white diamond

coming back to the well

        drink up

  parched tongues

        still remember

california de melocotones

        wild berries

drenched in young semen

truth hanging loose

    from teeth

        veinte años

Motel Best Western, Autopista 290

Para George

abandonamos la ciudad

veloces como una autopista

        hasta el pueblopradera

    botas raspadas

bandana nirvana

      En nombre del ombligo

    y el pubis

tarta de feromonas

    chakra del corazón

la víbora de cascabel despierta

se enrosca   lista para atacar

muerde duro

    absortos en el *reggae* del otro

        las orquídeas se desvanecen

brazos musculosos   y pecho negro con

   un diamante blanco

volvemos al pozo

      a beber

lenguas sedientas

      aún recuerdan

california de melocotones

      moras silvestres

   maceradas en semen joven

la verdad cuelga

      de dientes

       veinte años

Q. Skin

How does the door to the physical skin open? How do molecules conjure up a plot and attract, attract, and attract? Skin becoming a magnet? Hard becoming soft or the other way around? Skin, mostly empty space, conspiring to attract other empty spaces and spell bliss? Wet looking for warm? Infinite becoming finite through touch? How do molecules' vibration spell titillation? How does color vibrate in the skin? Which frequencies attract brown to black, or white to red? How do bodies, on their own, decide to meet at the hand level, the chest level, or the groin level? Who said free will? And who the fuck cares?

A. Life Force

I remember the stupefied gaze, the standing motionless in time, the staring without wanting to, or have anyone notice that you're like a dimwit, mouth open, drooling like an animal, on FIRE, spellbound, hypnotized by a chest or well-sculpted biceps, marble glutes, manly, shaved underarms, raise your arm, that's the way I like to see you, profuse muscles, falling like a bunch of grapes that come off at a touch, fan of possibilities, taut with pheromones, odyssey of fertile tongue-licks, rapid caged caresses, bouquets of breath and wine, saddle of the finest leather, carved ivory amulet, embedded until dawn, cocky rhythmic acrobat in tight golden jockey shorts, Montezuma's plumes, cross from la Vera Rica de la Vera Cruz, emerald fantasy of furs and rubies. I grabbed you by the nape before Spring and just in case, on your neck I planted a sea anemone. I breathe another dawn, impelled by my blessed clitoris.

Pregunta: Piel

¿Cómo abrir la puerta de lo físico en la piel? ¿Cómo las moléculas conjuran para atraer, atraer y atraer? ¿Cómo es que la piel se vuelve un imán? ¿Cómo lo duro se vuelve blando y al revés? ¿Cómo la piel, casi puro espacio vacío, conspira para atraer otros espacios vacíos y deletrear gozo? ¿Cómo lo húmedo busca lo cálido? ¿Cómo el infinito se vuelve finito por medio del tacto? ¿Cómo es posible que la vibración de moléculas deletree excitación? ¿Cómo vibra el color en la piel? ¿Qué frecuencia atrae lo moreno a lo negro, o lo blanco a lo rojo? ¿Cómo los cuerpos, por su propia cuenta, salen al encuentro, a nivel de la mano, a nivel del pecho o la ingle? ¿Quién dijo libre albedrío? ¿Y a quién carajos le importa?

Respuesta: Impulso vital

Recuerdo la mirada alelada, el quedarse parada e inmóvil en el tiempo, mirando sin querer o sin que nadie se de cuenta de que estás como babosa, con la boca abierta, babeando como un animal, candente, alelada, hipnotizada por un pectoral o un bíceps bien esculpido en glúteo mármol, axila rasurada de hombre, raise your arm, así me gusta verte, profusión de músculos que caen como un racimo de uvas que se desgajan al tacto, abanico de posibilidades, tersas y feromónicas, odisea de lengüetazos fértiles, abruptas caricias enjauladas, ramilletes de vaho y vino, montura de la más fina piel, amuleto de marfil tallado, empotrado hasta el amanecer, rítmico saltimbanqui de plátano macho y ajustadas trusas de oro, penacho de Moctezuma, cruz de la Vera Rica de la Vera Cruz, fantasía de pieles y rubíes esmeralda. Te alcancé por el cogote antes de la primavera y en el cuello, por si acaso, te planté una anémona. Respiro otro amanecer, impulsada por mi bendito clítoris.

Untitled

To George

Blooming water

endless spring where bodies fuse,

  touch of stone,

lily, white and perfumed

  over your belly

    my blanket man

    my whisker man

    my muscle, sweat, and thunder man

openhanded

  never-ending silence.

Sin título

To George

Brote de las aguas

manantial eterno donde se funden las carnes

  toque de piedra

azucena blanca y perfumada

  sobre tu vientre

      hombre sábana

      hombre cabello

      hombre músculo, sudor, trueno

Palmas generosas

  silencio eterno.

Kiss

With the sharpness

given by a brilliant day

of flowering plum trees:

I guess your thoughts

All past and present

—coexisting realities,

fans of possibility—

converge here today

in a kiss,

alpha and omega

of all creation

Beso

Con la nitidez

que da un día cristalino

de ciruelo en flor:

adivino tus pensamientos

Todo el pasado y el presente

—realidades coexistentes,

abanicos de posibilidades—

convergen hoy aquí

en un beso,

alfa y omega

de la creación

Damned Dream

I lie down and can't sleep. You, my celestial prince, sleep like a log by my side. I toss and turn, rack my brains, revive loves, crucify debtors. I dream of Lucifer, who wakes my cunt, inserting fleshy serpents, he fills, shakes and drives me wild. I twist, his sulfurous smell, his hooked horns, his rutting tail. He mounts me damned goat, makes me tremble like a cold, wet chicken. And I come back for more, every night while you sleep, his skin smelling of goat, his muscles singed and sweaty, sucks my cunt, breasts. It's obscene. The earth rumbles, the thundering drums resound. For one more night, I regain the meager pleasure. Everyone belongs to someone.

Sueño maldito

Me acuesto y no logro conciliar el sueño. Tú, mi príncipe azulado, duermes como un lirón a mi lado. Me revuelco, me devano los sesos, resucito amantes, crucifico adeudos. Sueño con Lucifer, que viene y me despierta la concha, me mete víboras carnosas, me rellena, me agita y alebresta. Retozo, su olor a azufre, sus cuernos gachos, su cola de cabrón en celo. Me monta, cabrío infeliz, me hace temblar como pollo mojado y frío. Y regreso por más, cada noche mientras tú duermes, su piel olorosa a cabra, sus músculos tiznados y sudorosos, me chupa la concha, los senos. Algo obsceno. Retumba la tierra, redobla el tambor su trueno. Por una noche más, reconquisto el placer austero. Todo tiene su dueño.

Your Head

lights up like the Black Forest

so many black hairs

              pulsating

              vibrating

your brain becomes visible

veins throb

your back is covered with

intricate henna tattoos

you are Vishnu,

I am Lakshmi massaging your feet

and under that astonishing chemistry

        you become the cosmos

              life

Tu cabeza

se enciende como la Selva Negra

montones de pelitos negros

        pululando

       vibrando

tu cerebro se vuelve visible

y palpita de venas

tu espalda se viste de

intricados tatuajes de henna

eres Vishnu,

y yo Lakshmi masajeando tus pies

y bajo esa asombrosa química

    te vuelves cosmos

        vida

Ekphrastic Poems – imágenes

Home

"One refinery, Lake Charles, Louisiana," 1953
—photograph by Fritz Henle (1909-1993)

Metal platforms
  grilled walkways
light yet sturdy
  the voluptuousness of metal
                round knob
open and close the valve
    steam rising
metal structures
      perforated metal sheets
trabajadores sindicalizados
y los ingenieros de confianza
        my dad's steel nerves
  when confronting a fire
           he remained calm
fire alarm
  honk honk honk honk

At night
  towers flooded with light
    big reflectors slice the night mist
 vapor   toxins or just water
a city of light and steam
    pipes taking in raw oil
            for refinement

Giant globes
  containing
    who knows what
skin burning
  nostril-incapacitating
liquids or gases
  the hum and grind of metal
pipes   letting off steam
big burner in the distance
  our own primeval
bonfire to the Tepanecas
  of Azcapotzalco
burning glowing in red yellow orange
    better than any sunset
        our own sunset
      what home looks like

NW quadrant of Mexico City
past El Toreo de Cuatro Caminos
  bullfight ring
por Periférico Norte
        rumbo a Satélite
a large, trashy boulevard
  then, the moving gate of la colonia
    armed guards at the booth
checking movement in and out
  inside
                Peace
home
        and a whiff of brimstone.

Hogar

"One refinery, Lake Charles, Louisiana," 1953
—Fotografía de Fritz Henle (1909-1993)

Plataformas metálicas
  pasarelas con rejillas
    ligeras pero fuertes
      la voluptuosidad del metal
                perilla redonda
abre y cierra la válvula
    el vapor se eleva
estructuras de fierro
    hojas de metal perforado
trabajadores sindicalizados
y los ingenieros de confianza
        los nervios de acero de mi papi
  al enfrentar un incendio
        mantenía la calma
la alarma contra incendios
  gua gua gua gua

Por la noche
  las torres bañadas en luz
    los enormes reflectores rebanan la bruma nocturna
vapor toxinas o sólo agua
una ciudad de luz y vapor
    las tuberías reciben el petróleo crudo
        para su refinación

   Esferas gigantes
     que contienen
      quién sabe qué
líquidos o gases
   que queman la piel
     incapacitan las fosas nasales
el zumbar y rechinar del metal
   la tubería   deja escapar el vapor
un quemador grande a la distancia
   nuestra propia, primigenia
fogata a los tepanecas
   de Azcapotzalco
ardiendo   resplandeciendo en rojo   amarillo   anaranjado
   mejor que cualquier puesta del sol
      nuestra propia puesta del sol
así es nuestro hogar

En el cuadrante noroeste de la Ciudad de México
pasando el toreo de Cuatro Caminos
   por Periférico Norte
   rumbo a Satélite
un amplio camellón lleno de basura
   entonces, el portón eléctrico de la colonia
     guardias armados en la caseta
revisando quién entra y quién sale
   adentro
                  Una paz
mi hogar
      y un tufo a azufre.

Goddess of the Terraced Roof

"The Good Reputation, Sleeping"
—photo by Manuel Álvarez Bravo, 1938
commissioned by André Breton

Your exposed genitals
are echoed
by the cacti
beside your hips
and feet
        sun-kissed sleeper
icon of bandaged
torso and ankles
lying on a striped blanket of wool
that thick Mexican kind
heavy, hot
and smelling like moth balls.

Your furry bush shines bright
beneath the light of the sun
as a column of mildew
rises by your side:
humidity, lime, and plaster
  mixed with a dog's urine
     and some soldier's
under which you
recline
        breasts swelling in the air
beloved goddess of the terraced roof.

Diosa de azotea

"La buena fama durmiendo"
—fotografía de Manuel Álvarez Bravo, 1938
por encargo de André Breton

Tu sexo expuesto
hace eco
a los cactos
a la altura de tus caderas
y pies
      inmolada mujer dormida
vendada imagen
en el torso y los tobillos
sobre una cobija de lana a rayas
esa gruesa lana mexicana
pesada, caliente
olorosa a naftalina.

Tu sexo velludo arde
bajo la luz del sol
una columna de moho
se yergue a tu lado:
humedad, cal, yeso
  orín de perro
    y soldado
bajo el cual te
extiendes
      pechos henchidos al aire
amada diosa de azotea.

Click

"Striking Worker, Assassinated"
—photo by Manuel Álvarez Bravo, 1934

Manuel
   just happened by
his camera around his neck
   when the strike
      came to an end.

The clash:
   thin, youthful
      bodies
versus hard bullets

At his feet
      a young man
in a neatly ironed checkered shirt
wearing pants with a belt
     spills his blood
on the pavement

      expiring
      passing away

yet Manuel with a click
     —instinctive and arbitrary—
prolongs his life

a few seconds
just long enough to place it
   before your eyes.

Clic

"Obrero en huelga, asesinado"
—fotografía de Manuel Álvarez Bravo, 1934

Manuel

   pasaba por ahí

   cámara al cuello

      cuando la huelga

      llegó a su fin

El enfrentamiento:

   cuerpos jóvenes

      delgados

contra balas duras

A sus pies

   un joven

camisa a cuadros bien planchada

pantalón con cinturón

    derrama su sangre

sobre el pavimento

    se extingue
    se va

pero Manuel con un clic

    —instintivo, arbitrario—

prolonga su vida

    por unos instantes

hasta llevarla

    ante tus ojos.

Tríptico: 'On the Beach'

Poems based on photographs by Richard Misrach,
of his series "On The Beach"
The National Gallery of Art, Washington, D.C.

I

A man
alone
burrows in his bed
of sand
nestles his head
on the soft pillow
of a t-shirt
over footprints.
The shore   a diagonal slice
dividing aquamarine
and beige.
He sleeps on his side
knee flexed
entrusting his dreams
to the dry sand.
He dreams the dream
of the lonely man
looking for
someone to complete him
in the emptiness
of the lonesome beach
lulled by the softest waves.

II

Hotel Camarena
sobre la mullida y tierna arena
un hombre y una mujer
hacen su cama
intertwined
her leg over his hip
they gaze into each
other's eyes, like shells,
like newborn clams.
The blue towel
frames
the intensity of *we*.
A small triangle of jade water
in the upper left corner
unfolds its thirsty tongue
but the lovers are safe
in each other's arms,
they rest on a thousand
footsteps on the sand,
secure in their folly.

III

In a turquoise rippled mirror
an island of sharp clear water
isolates
the arms and legs
of a half-floating man
      watery womb

        waterbed
elbows out
he holds his head
and looks out
from underneath the water
ripples surround his
  rippled body
no shore in sight…

While across the hallway, she
stands on her head
in the water
feet straight up in the air
like a sail
a ripple in the cerulean still waters
-sunset-
she probes
holds her breath
no horizon in sight
water coming into her nostrils
deep water gymnastics
waiting for an answer.

Tríptico: En la playa

Poemas inspirados en fotografías de Richard Misrach,
de su serie "On The Beach"
The National Gallery of Art, Washington, D.C.

I

Un hombre
solo
se entierra en su cama
de arena
acurruca su cabeza
sobre la suave almohada
de una camiseta
encima de huellas.
La orilla   una tira diagonal
divide el aguamarina
del color crema.
Él duerme de lado
con las rodillas dobladas
confiando sus sueños
a la seca arena.
Sueña el sueño
del hombre solitario
esperando
a alguien que lo complete
en la desolación
de la playa solitaria
arrullado por las olas más leves.

II

Hotel Camarena
sobre la mullida y tierna arena
un hombre y una mujer
hacen su cama
intertwined
una pierna sobre una cadera
se miran a
los ojos, como conchas,
como almejas recién nacidas.
La toalla azul
enmarca
la intensidad del *nosotros*.
Un pequeño triángulo de agua verde jade
en la esquina superior izquierda
desenrolla su sedienta lengua
pero los amantes están a salvo
abrazándose,
descansan sobre miles de
pisadas en la arena,
seguros en su insensatez.

III

En un espejo turquesa rizado
una isla de agua cristalina
aisla
los brazos y piernas
de un hombre a medio flotar
    vientre acuoso

    cama de agua
con los codos abiertos
se sostiene la cabeza
y mira hacia afuera
desde debajo del agua
ondas pequeñas rodean
 su cuerpo ondulado
ninguna playa a la vista...

Mientras al otro lado del pasillo, ella
se para de cabeza
en el agua
los pies sobresalen en el aire
como una vela
una onda en las cerúleas y quietas aguas
-anochecer-
ella sondea
aguanta la respiración
ningún horizonte a la vista
le entra agua en la nariz
gimnasia de altamar
esperando una respuesta.

Where I'm From: De dónde soy

Where I'm From

To my compa Levi and the Macondistas
A poem after George Ella Lyon

I am of sulphur and gasoline
volcanoes and valleys
of María cookies, laundry with Vel Rosita
and station XEW
I am from houses with gardens, streets without cars
and a giant gas burner in the distance.

I come from grass, trees, and geraniums
pirul and colorín,
whose little red beans
my siblings and I would rub on the pavement
to burn our skin.

I'm from kermesses and Christmas *posadas*
my cousin Sandy and my Aunt Güera
I come from Jesús, María y José
and what will people say, watch out
and a word for the wise.

I'm from keep your legs together
and don't talk with your mouth full,
I'm of damned snotty brat
and the Holy Virgin.

I'm of Tenochtitlán and the DeFective
of big-nosed Valenzuelas and Aguileras
of creamy avocados and charamusca candy
sopa de fideos and chiles rellenos
green olives and flan.

I come from the hidden treasure of Mayor Riaño
in my grandparents' house in Guanajuato
and my father who sold
milk on horseback in Tabasco
and his mother would scold him
because he gave credit to all.

I carry the photos of my ancestors
in my wallet
with the certainty
that they will protect me
and remember me in the south.

We are of salt, chile and brown sugar
tamales in corn husks and banana leaves
blond and brunette
rascals and charmers
but always sounding off and spinning tall tales.

I'm a Tejana from Mexico City
who ended up in the north
and raised her children here.
But I never forget my people

not here nor there.

In Mexico I met my sweet Gringo
and followed him up north
quit wearing a bra
and enrolled in the University of Texas.

I blended in with the Gringos
confusing the Chicanos
because I looked like white bread
instead of pure Mexican.
But appearances are deceiving
and as the years passed
I've become a reverse Chicana
With one foot on each side
Of the Río Bravo, the Río Grande,
And among mesquites and maguey cactus
I sing my song.

De dónde soy

Al compa Levi y los macondistas
Un poema inspirado en George Ella Lyon

Soy de azufre y gasolina
volcanes y valles
de galletas María, Vel Rosita y la XEW
soy de casas con jardín, calles sin coches
y un quemador de gas ardiendo a la distancia.

Soy de pasto, árboles y geranios
de pirul y colorín,
cuyos frijolitos rojos
frotábamos en el pavimento
para quemarnos la piel
entre mis hermanos y yo.

Soy de kermeses y posadas
de mi prima Sandy y mi tía Güera
Yo vengo de Jesús, María y José
y el qué dirán, ponte abusada
y al buen entendedor, pocas palabras.

Soy de cierra las piernas
y no hables con la boca llena,
soy de mocosa del diablo
y de la Santísima Virgen.

Soy de Tenochtitlán y el DeFectuoso
de Valenzuelas y Aguileras narigones
de chinín y charamusca
sopa de fideos y chiles rellenos
aceitunas y flan.

Vengo del tesoro escondido del Intendente Riaño
en la casa de los abuelos en Guanajuato
y vengo de mi papá que iba a vender
leche a caballo en Tabasco
y su mamá lo regañaba
porque a todos fiaba.

Los retratos de mis antepasados
los llevo en la cartera
con la sensación certera
de que ellos me protegen
y desde el sur me recuerdan.

Somos de sal, chile y dulce
tamales de hoja de maíz y de plátano
rubios y morenos
sangrones y simpáticos
pero eso sí, muy leguleyos
y mitoteros.

Soy una chilanga tejana
que al norte vino a parar
y aquí a sus hijos a criar.

Pero de mis paisanos
no me olvido,
ni aquí, ni allá.

En México conocí a mi gringuito
y hasta el norte lo seguí
dejé de usar brasier
y en la Universidad de Texas me inscribí.

Entre los gringos me confundía
y a los chicanos despistaba
pues parecía bolilla
en vez de pura mexicana.
Pero las apariencias engañan
y con el paso de los años
me he vuelto una chicana
          a la inversa
con un pie a cada lado
del río Bravo, del río Grande,
y entre mesquites y magueyes
entono mi canto.

My Mother's Tears

arise from some deep place
                some bottomless space
salty
and sad
the fruit of a life
       that overwhelms us

My mother's tears
flowed out at times
from the most profound silence
hearing her gently weep
                we asked if it could be true
"You're mean, you made her cry"
   we'd say, accusing one another
her tears a balm
         a sacrifice
         a submission
like when you
   bump into life
   face first

My mother's tears
are Christmas eve
a wandering pilgrim's
a hallelujah of truths
   reaped with bare hands

and not always welcome
   realities
the world throws our way
      whether we like it or not

My mother's tears
   were sobs
wrenched out of the evening
as she sat on her bed
legs to one side
praying to her God
and the Most Holy Virgin
for the sins committed
by us her children

My mother's tears
are my own
today
as I weep for that errant son
ill-fated
   and lost
the litany of all mothers
throughout eternity
that heart mounted
with garnets and rubies
which is my inheritance today

My mother's tears
run down my face

                    unashamed
flooding it
amid my pleas and devastation
drowning it
in a salty age-old sadness
her tears, my tears now

Las lágrimas de mi madre

vienen de un lugar hondo
               sin fondo
son saladas
son tristes
son fruto de la vida
    que nos sobrepasa

Las lágrimas de mi madre
brotaban a veces
del más profundo silencio
cuando la oíamos sollozar
               cerciorándonos
"maldita, la hiciste llorar"
   nos acusamos unos a otros
sus lágrimas   un bálsamo
              sacrificio
           entrega
de cuando uno se topa
    de narices
    con la vida

Las lágrimas de mi madre
son Nochebuena
de peregrino errante
aleluya de verdades
 ganadas a pulso

realidades no siempre
    bienvenidas
que la vida nos lanza
        querámoslo o no

Las lágrimas de mi madre
    eran sollozos
arrancados a la tarde
sentada sobre su cama
las piernas a un costado
rezándole a su Dios
y a la Santísima Virgen
por los pecados cometidos
por nosotros sus hijos

Las lágrimas de mi madre
hoy
son mías
mientras lloro al hijo errante
perdido
    malogrado
la letanía de todas las madres
a través de los tiempos
ese corazón engarzado
de granates y rubíes
hoy mi herencia

Las lágrimas de mi madre
fluyen por mi rostro

          desvergonzadas
lo inundan
entre súplicas y quebrantos
lo anegan
de salada tristeza milenaria
Sus lágrimas, mis lágrimas

Embajadoras Park, Guanajuato, Mexico

Tall pepper trees lend their shade
the sun reaches to the ground
motes of light,
fragments,
cool mountain breeze.

Moorish style mosaic,
reflections of light,
a hypnotizing lattice,
sunbeams layered in
beautiful designs
scribbled around the fountain.

My mother, a schoolgirl
from La Salle Institute,
strolls through
the flower-filled labyrinths
of your wide paths.
Motherless   where is mommy
  she looks for her
among your fragmented   rays of light.

Parque de las embajadoras, Guanajuato, México

Los altos pirules prestan su sombra,
el sol intenta colarse hasta el fondo,
motas de luz,
fragmentos,
brisa fresca de la montaña.

Mosaico arabeizante,
reflejo de luz
en hipnotizante celosía,
se intercalan rayos
en hermosos diseños,
garabatos alrededor de la fuente.

Mi madre, una escolapia
del Instituto La Salle,
pasea por los laberintos
llenos de flores
de tu amplia calzada.
Huérfana de madre   dónde está mami
la busca
entre tus rayos de luz fragmentada.

The Desk Drawer

Some things spoke of order
  In our home
Like the dining room,
La sala de las visitas
The clothes closets
        Neatly ironed and organized
Others spoke of a barely contained chaos
   Como el closet de la cocina
El refrigerador del comedor   por mientras
O el cajón del escritorio

Our friends laughed in disbelief –to us it was normal
   A mish mash   a bric-a-brac   anything home-
less and lost,
       broken or
            torn lived in the junk desk drawers.
We used to spend hours sorting its contents:
       A mystery box
       A sorting box
       A find-a-toy box
       A create-a-new-game box
       A boring day box
No one cared to put some order in it
And it lived…undisturbed.

                  * * *

My father kept my older half-brother
    Locked in the top drawer
   The only key
   The only locked drawer
He lived there, undisturbed.
For twenty-some years to emerge:

Evidence of letters, photos,
And after-Christmas thank you notes.
Thank you for the new bike, *papá*.
Years of back and forth
    Air and sea
Lies on top of lies
No longer a *primogénita*…what else
    Didn't   I
know
                    my life not
what it seemed?
Where did deceit begin?

   El cajón con "sus cosas"
Su vida aparte   escondida en un cajón
El beso del perdón

    Being faced by your children
The disconnect
   The burning shame
      The dread

The unsettling sting
Of not knowing
    Barely comprehending
What else do I not know?

The Pandora's box of past sins
    Spilling onto the floor
A barely contained   chaos
      Seeking light   fresh air

A rubber band
A broken toy airplane
An old leather wallet, dark and oily with his touch
A missing link

El cajón del escritorio

Algunas cosas denotaban orden
En nuestro hogar
Como el comedor
La sala de las visitas
Los clósets de la ropa
      Bien planchada y organizada
Otras cosas denotaban un caos apenas contenido
  Como el clóset de la cocina
El refrigerador del comedor   por mientras
O el cajón del escritorio

Nuestros amigos reían, incrédulos.
Para nosotros era normal.
Un revoltijo   una mezcolanza   cualquier cosa sin
Hogar o extraviada
      rota o
            descosida vivía en los cajones llenos de triques
del escritorio.
Pasábamos las horas hurgando sus contenidos:
    Una caja misteriosa
    Una caja para hurgar
    Una caja para ordenar juguetes
    Una caja para inventar juegos
    Una caja para un día aburrido
A nadie le preocupaba ponerle orden
Y así vivía…sin que nadie la molestara.

* * *

Mi padre mantenía a mi medio hermano mayor
      Encerrado en el cajón de arriba
  La única llave
  El único cajón cerrado
Él vivía allí, sin que nadie lo molestara.
Durante veintitantos años para salir a flote:

Evidencia de cartas, fotos
Y tarjetas agradeciendo regalos de Navidad.
Gracias por la bicicleta nueva, papá.
Años de idas y venidas
  Aire y mar
Mentiras tras mentiras
Ya no soy la primogénita…¿qué otras cosas
      ignoro?
             mi vida no
es lo que parece ser
¿Dónde comenzó el engaño?

  El cajón con "sus cosas"
Su vida aparte   escondida en un cajón
El beso del perdón

Verte enfrentado por tus hijos
La desconexión
  La vergüenza ardiente

    El temor
El aguijón perturbador
De no saber
    Apenas comprender
¿Qué más ignoro?

La caja de Pandora de pecados pasados
    Volcándose al suelo
Un caos   apenas contenido
    Busca luz   aire fresco

Una liga
Un avión de juguete roto
Una cartera usada de piel oscura y aceitosa por su tacto
Un eslabón perdido

Mano de plata / Silver Hand

      In this open room

          wet from rain

        shadows bounce from curtains to windows

monochrome translucence

      furry black and gray cape

falls over her shoulders

  l i g h t

           diamantine

    while she irons

        hot silver hand

              smoothes chaos

              slicks wrinkles

              perfumes

hand that radiates sunshine

powerful motor

of the heart

my mother

Mano de plata

En este cuarto abierto

mojado de lluvia

las sombras brincan de la ventana a las cortinas

trasluz monócromo

peludo abrigo gris y negro

cae sobre sus hombros

l i g e r o

diamantino

mientras ella plancha

mano de plata caliente

alisa caos

peina arrugas

perfuma

con esa mano que irradia sol

    poderoso motor

del corazón

    mi madre

Church of the Sacred Heart, Guanajuato, México

Reluctantly, I enter the penumbra,
my mother guides us

golden interior
miners dig the bowels of the Sierra Madre Occidental
little angels, from baroque to rococo
                         and her,
She is at the center,
She is on both sides,
peaceful haven
town walking and walked about
oasis
where my mother looks for hers,
takes refuge in Her
splendid goddess
in a brocade of longing.
I reconsider.

Iglesia del Sagrado Corazón, Guanajuato, México

a regañadientes entro en la penumbra,
mi madre nos guía

interior de oro
los mineros cavan las entrañas de la Sierra Madre Occidental
del barroco al rococó los angelitos
                       y ella,
Ella al centro,
Ella a los costados,
remanso de paz
pueblo caminero y caminado,
oasis
donde mi madre busca a la suya,
se auxilia en Ella
esplendorosa diosa,
broquelado anhelo.
Recapacito.

The Stray Lamb

Years, weeks, days have gone by
ugly words, misunderstandings
rumblings of earth buried in forgetting.
Silence,
sorrow after sorrow gathering
leaves as if they were the rain.

Until today, that is.
On the other end of the receiver,
"I love you, *papi*," she said.

Disbelief swelled, dikes
overflowed, walls came
tumbling down with a
simple phone call.
"I'm fine, don't worry," she said.

At that very second
the dead came back to life
the wounded healed
and my mother in his dreams
whispered into my father's
ear: "I'll never forget you."

How strange, then,
for the starry sky to stop

mid-rotation
him glancing up as the stars
yelled out the dog barked
and the ancient iguanas scurried away.
It wasn't every day
that love came into view.

Two thin voices, pale like lilies
Who…who…he didn't understand
could it be?
Thoughts paraded past one after another
with the lost lamb
—the most sought after and beloved—
bleating softly
on the opposite shore.

La oveja extraviada

Pasaron años, meses, días
malas palabras, malentendidos
rumores de tierra sepultada en el olvido.
El Silencio.
Pena tras pena, recolectaba hojas
de árbol como si fuera lluvia.

Hasta que hoy fue el día.
Al otro lado del auricular
te quiero papi, dijo.
La incredulidad, diques
desbordándose, muros
hechos añicos con una
simple llamada.
Estoy bien, no te preocupes, dijo.

En ese momento
los muertos resucitaron
las heridas sanaron
mi madre en sueños
susurró a mi padre
al oído: no te olvido.

Qué curioso, entonces,
que el cielo estrellado se detuvo
a medio giro

entornados los ojos las estrellas
gritaron
ladró el perro y corrieron las iguanas ancianas.
No era todos los días
que el amor se hacía manifiesto.

Las voces secas, pálidas como lirios
Quién…quién…no comprendía
¿era posible?
Uno tras otro los pensamientos desfilaron
la oveja perdida
—la más buscada, la más querida—
balaba quedo
desde la otra orilla.

El norte: U.S.A.

November 2, 1998: On the Eve of Becoming an American Citizen

Not me, not I
a gringa I would never be
gritos de "muera el imperialismo yanqui"
resonando en mi cabeza
yo, la Malinche,
"there is always me-search in research"
going full circle
me an American
a Mexican-American
a bona fide Chicana chayote-head
My life is here now
raising my bilingual chilpayates
married, metida hasta las chanclas
in this brave new world.

A binational
una Nutella bicolor
vainilla y chocolate
dual citizenship, at least,
los políticos en México finally woke up
to us "raza" on this side of the border.
Welcome Paisano, Bienvenido Amigo,
hasta que se les prendió el foco, cabrones.
Ahora sí, pásenle, que su nopal está lleno de tunas.

Aquí en la frontera, en el no-man's-land,
mujer puente, mujer frontera,
mujer Malinche.

Ahora sí, cuando me chiflen por la calle
me podrán decir "gringuita" y por primera vez
lo seré, una bolilla, una gabacha,
mis ojos azules y cabello rubio por fin
corresponderán a los estereotipos de la gente
"But you don't look Mexican"
Enton's ¿qué parezco? ¿acaso tengo changos en la cara?

When I die, spread my ashes along the Rio Grande, the Río Bravo, where I once swam naked.

November 2, 1998: On the Eve of Becoming an American Citizen

Yo…yo nunca
sería una gringa
gritos de "muera el imperialismo yanqui"
resonando en mi cabeza
yo, la Malinche,
"*there is always me-search in research*"
como completar un círculo
¿yo…una americana
una *Mexican-American*
una auténtica chicana choya de chayote?
Mi vida está aquí ahora
criando a mis chilpayates bilingües
casada, metida hasta las chanclas
en este Mundo Feliz.

Una binacional
una Nutella bicolor
vainilla y chocolate
doble ciudadanía, al menos,
los políticos de México por fin nos reconocen:
la raza de este lado de la frontera.
Bienvenido paisano, Bienvenido amigo,
hasta que se les prendió el foco, cabrones.
Ahora sí, pásenle, que su nopal está lleno de tunas.

Aquí en la frontera, en esta tierra de nadie,
mujer puente, mujer frontera,
mujer Malinche.

Ahora sí, cuando me chiflen por la calle
me podrán decir "gringuita" y por primera vez
lo seré, una bolilla, una gabacha,
mis ojos azules y cabello rubio por fin
corresponderán a los estereotipos de la gente
"Es que no pareces mexicana"
Enton's ¿qué parezco? ¿acaso tengo changos en la cara?

Cuando muera, que se rieguen mis cenizas en el Río Grande, el
Río Bravo, donde una vez nadé desnuda.

Pan

A teenaged son
and a young adult daughter,
who visits often,
flesh of my flesh
blossom of those trees
planted long ago
over the tree-like
placenta
a pulsating globe
that fed them both
for nine months,
red and purple rhizomes
laid in the damp earth
to receive the trees
that would shelter them
from the rain
in the front yard and backyard
of the house
where they were born.

* * *

Looking back
eight years before their birth
to when their father
is in my mother's kitchen

in his undershirt
covered in flour
as he makes us pizza
from scratch
as only a baker can
rotating the dough
kneading it, sprinkling more flour,
as my mother and I
watch from behind the door
with the round window
transfixed
by a man
who can cook.
And the rest
is   our   story.

Pan

Un hijo adolescente
y una joven hija adulta,
que nos visita seguido,
carne de mi carne
fruto de aquellos árboles
plantados hace tanto
sobre la arbolada
placenta
un globo pulsante
que los alimentó a ambos
durante nueve meses,
rizomas rojos y morados
colocada en la tierra húmeda
para recibir a los árboles
que les darían cobijo
de la lluvia
en el jardín de enfrente y el de atrás
de la casa
en que nacieron.

* * *

Al mirar atrás
ocho años antes de que nacieran
cuando su padre
en la cocina de mi madre

en su camiseta sin mangas
cubierto de harina
nos hacía una pizza
de principio a fin
como sólo puede hacerlo
un panadero
rotando la masa
amasándola, rociando más harina,
mientras mi mamá y yo
lo veíamos por detrás de la puerta
con la claraboya
pasmadas
ante un hombre
que sabía cocinar.
Y el resto
es   nuestra   historia.

Today I Stop the River in its Track

Flying thousands of feet above
the fields   rivers   lakes   highways
the Mississippi overflowing its banks
drowning everything in brown waters
I write these lines
feeling vulnerable
because there's nothing between me and death
but a cushion of air
a pressurized cabin
some jet fuel and those engines
bearing us through the air
against all logic.

Today I've got a date with life
and it takes a fucking airplane
to make me face the questions
to rattle me out of my indecision
to help me decide at knife point
whether I'm living alive
or dying alive.

Today I stopped a train.
I used my grappling-hook nails
to anchor a plane.
Today I turned back the clock and ruled
the movements of the flowers

the beating of your heart
but also, today,
I renounce my herculean task
of directing the course of rivers
so you won't get wet
so you can live and not drown.

The unacceptable burden
of playing God
the daily calculation
adding and subtracting
the whims of chaos
fate mother
power mother
protector of the children
ruler of cities
dynamiter of impulses
(sob/quake)
of everything beyond our reach.

Living afraid   in hiding   cautious
never making waves
trying to go unnoticed
being very quiet
or simply not being.
And today this urge to live
unbuttoned
to howl out my affection
to die in life's hands

explodes from my throat.

Mother-love is pouring out
all my holes like crazy
soaking me with milk each morning.

How do I muffle this love for part of me
that isn't me but we're one
this skirting of life's dangers
this not going out of the house—
   mustn't let her catch cold
   mustn't let them grab her in the park
   mustn't let the sun strike her at a bad angle.

Today I give up my tennis shoes   swords   bandages
the helm.

Mind and reason can't explain the soul
they're mute as wrinkled stones.
The mind   a thread we cut
doesn't quite reach.
Surrender nestled in the heart.
In the heart there's room for everything
don't ask,
accept.

Impossible to change the wind's course
from my window seat.
All I've got is trust

the hope of coming home
the arms of the man waiting
the sweet look of that girl
I'm responsible for.

Hoy detengo el curso de los ríos

Volando a miles de metros sobre
los campos   los ríos   los lagos   y las carreteras
el Mississippi que se desborda y cubre
todo con sus aguas color café
escribo estas líneas
vulnerable
cuando lo único entre yo y la muerte
es una capa de aire
una cabina presurizada
la gasolina y unos motores que
ilógicamente
nos elevan por los aires.

Hoy tengo una cita con la vida
que recurre a un pinche avión
para interrogarme
para sacudirme de mi indecisión
para advertirme a punta de puñal
si vivo en vida
o muero viva.

Hoy detuve un tren,
anclé un avión con las uñas.
Hoy regresé el reloj y controlé
los movimientos de las flores,
los latidos de tu corazón,

pero también, hoy,
abandono mi épica tarea
de dirigir el curso de los ríos,
para que no te mojen
para que vivas y no te ahogues.

El peso inadmisible de jugar a Dios
el diario calcular, sumar y restar
los caprichos del caos
madre destino
madre fuerza
madre protección de sus crías
regidora de ciudades
dinamitera de impulsos
(sollozo/temblor)
de lo que está fuera de nuestro alcance.

Vivir medroso escondido   recatado
sin hacer olas
pasar desapercibida
no ser
o ser quedito.

Y hoy me estallan por la garganta estas
ansias de vivir
desabotonada
de aullar mi cariño
de morir en manos de la vida.

El amor de madre se me sale por
cada orificio
se vierte vertiginoso
me empapa de leche cada mañana.

Cómo callar este amor por mi extensión
que no es yo, pero somos una
este evadir los peligros de la vida
no salir de casa:
   no vaya a darle un aire
   no vayan a robarla en un parque
   no vaya a darle el sol en un mal ángulo.

Hoy entrego los tenis   las espadas   los vendajes
el timón.

La mente y la razón no explican el alma
se quedan mudos, piedras rugosas.
La mente   hilo que se corta
no alcanza.
La entrega que reposa en el corazón.
En el corazón hay espacio para todo
no pregunta,
acepta.

Imposible cambiar el curso de los vientos
desde mi asiento de pasajera.
Me resta sólo la confianza,
la esperanza de llegar a los brazos

de mi hombre
la mirada dulce de aquella por quien
soy responsable.

Circles

An image that hovers, twirls, runs around in infinite circles that chase each other, run and jump in a circle, mother with blonde curls and son with tangled ringlets chase each other in a game of hide and seek, run and catch, run and jump, they run in a circle, beneath a huge elm tree generous with its shade on a spring day, they run and jump on the trampoline, laughing, they fall, get up, chase each other in an endless ring, lost in the game of the moment, tracing a circle of light, linked by mystery, mother and son.

Círculos

Una imagen que ronda, que gira, que corre redonda en círculos infinitos que se persiguen, que corren y brincan en un círculo, madre de rizos rubios e hijo de ensortijada cabellera se persiguen en un juego de corre y ve, corre y atrapa, corre y brinca, corren en un círculo bajo un gran olmo que esparce generoso su sombra un día de primavera, y ellos corren y brincan sobre el *tumbling*, ríen, se caen, se levantan, se persiguen en una rueda sin fin, perdidos en el juego del momento, trazando un círculo de luz, un lazo misterioso, madre e hijo.

Pas de deux

something in this room
      so big
  like an elephant
    sitting at a table
Mikhail Baryshnikov
    finishes his dinner
  piano chords fling classical tunes
    at the Samovar
his very own restaurant
  in Manhattan
he appears petit
  not larger than life
    like on TV next to petite ballerinas
  slight, thin,
    immensely handsome
an interesting nose
  with boney character
short spiky blond hair
     balanced ears
my heart
              sharing the same air
a hypothetical space
  lightly moving
     against the grain
choreographic design
     dominated by stillness

symbolic gestures
>   dramatically presented by
>   >   his person
boundary between dancer and audience
  vision will prove to be
within reach
>   almost choking on my borscht
swaying to hearty Russian tunes on the piano
the ex-pats   merrily   re-
  joicing
>   I manage to spring
>   >   >   forward
>   touch his coated arm,
>   >   Mr. Baryshnikov,
>   >   May I have   your autograph?
we share
>   signs, electrons, protons
>   of course,
>   >   he's still taller than me
  I inhale him
>   he quickly leaves
>   >   the chatter of Russian tongues
>   >   >   folk songs and vodkaed voices
>   >   >   >   hammered on a baby grand
the pianist smiles
>   and I smile back
showing an extraordinary
>   ability to recover
>   >   my breath

Pas de deux

hay algo en este salón
        tan grandioso
  como un elefante
    sentado a la mesa
Mikhail Baryshnikov
    termina de cenar
  acordes de piano lanzan tonadas clásicas
  en el Samovar
su propio restaurante
  en Manhattan
se ve menudito
  no mítico
    como en la tele junto a bailarinas de pitiminí
liviano, delgado
    inmensamente guapo
una nariz interesante
  de carácter huesudo
cabello rubio corto de punta
      orejas equilibradas
mi corazón
                compartimos el mismo aire
un espacio hipotético
  moviéndose ligeramente
      a contrapelo
diseño coreográfico
      donde impera la quietud

gestos simbólicos
> presentados dramáticamente por
> > su persona

los límites entre el bailarín y el público
 la vision estará
dentro del alcance
> casi atragantándome con mi borscht

meciéndome al compás de vigorosas tonadas rusas en el piano
los ex-patriados   se re-
 gocijan
> Logro abalanzarme
> > > hacia adelante

> toco su brazo abrigado,
> > Sr. Baryshnikov,
> > > ¿Me podría dar   su autógrafo?

compartimos
> signos, electrones, protones

> por supuesto,
> > es más alto que yo

 lo inhalo
> él sale deprisa
> > el chachareo de lenguas rusas
> > > canciones tradicionales y voces envodkaecidas
> > > > martilleadas en un piano de cola

el pianista me sonríe
> y yo le devuelvo la sonrisa

mostrando una extraordinaria
> habilidad de recobrar
> > mi aliento

Grandpa's Ashes

The package UPS-ed today:
    POW photo of gaunt 21-year-old
    Purple Heart
    business executive in dark suit and silver hair
    swordfish cufflinks
    a favorite watch
    newlywed picture
            she's holding eight calla lilies
            for the eight children
            her womb will bear
his seed survived war, camp

            * * *

"*Ich bin krank.*
Ich kann nicht arbeiten,"
    his reply to his German captors
      at the wintry *Stalag*
            too famished, too homesick to work
a newfound faith
making deals with God
  forever eat dessert first
            life IS uncertain
nothing to talk about
nothing at all
    the horror

did you ever kill someone?
>>>>>>>>>>>>>>>>>>>his sons want to know
I wouldn't know
>>>>you just shoot at the invisible enemy
>>>>>>>>no way to know

* * *

>>>>Ziplock bag
>>>>three pounds of ashes
>>>>even his eyelashes
>>>>>>>>and tongue
I'm not prepared for this
>>>>re-pack box swiftly
shove it in closet>>>>for a later day
my father-in-law
my children's grandpa
>>>>>>>>lost to Parkinson's
>>>>stole his mind
>>>>his walk
>>>>his going-downstairs-confidence
mind weedy with side-effects

* * *

>>>>"How was the melon harvest?"
Melons? Melons? I picked raspberries once,
in Denmark, a long time ago
Is he thinking I harvest because I'm Mexican?

        a migrant worker of sorts
            sowing words and
                reaping poems
                        but melons?
I try hard not to laugh
                  anguish like a razor blade
      cuts across grandma's eyes
          excuse   him
we weren't like this before.

                * * *

He proceeds to instruct me on the
proper way to slaughter
      1 0, 0 0 0   p i   g s
 step by step
   industrial scope
      things to avoid
            tips from hard-won experience
      sausage-making empire
started in Peter's shed
        his wife's recipe
later came the Sons, Inc.
      mustn't forget proper procedure
              like clockwork

                * * *

That man who danced

                        stiffly
        with me on my wedding day
            fulfilling his duty
                        the expectations
That man who led thousands
        and knew them each by name
That man who took his sons hunting
        and indulged his daughters' shopping
                now a shadow

                    *   *   *

One day he stuffs his mouth with grapes
            sprays diarrhea on immaculate twin bedroom
                                    by the lake
        his crucified wife
                curses the Lord-on-a-crutch
he spews sawdust and dynamite
                emergency carpet-cleaning care
        my brother-in-law emerges
                hero for the day

                    *   *   *

I'm still not ready   to put the ashes
            in the Chinese monkey bronze urn
        (Annie's children stick their fingers into ashes
                leaving a trail across furniture,
                                a sensible connection

             with grandpa)

   communal remembrance
of torn fibers
                     one tear too much
                  or not enough
         requiem for a loving man
                  whose mind began to die   long ago
distant
                  amid slaughtered pigs and melon harvests.

Las cenizas del abuelo

El paquete llegó hoy vía UPS:
    foto de prisionero de guerra demacrado a los 21 años
    medalla Corazón Púrpura
    ejecutivo en traje oscuro y cabello cano
    mancuernillas de pez espada
    un reloj favorito
    una foto de recién casados
        ella sostiene en sus brazos ocho alcatraces
        por los ocho hijos
        que su vientre alumbrará
la semilla de él sobrevivió la guerra, el campo de prisioneros

                * * *

"*Ich bin krank.*
Ich kann nicht arbeiten",
    su respuesta a sus captores alemanes
      en el *Stalag* invernal
          demasiado hambriento, demasiado deprimido
          como para trabajar
una fe renovada
haciendo tratos con Dios
  de ahora en adelante siempre comerá el postre primero
                      la vida ES incierta
no hay nada que decir
nada en absoluto

   el horror
                    ¿mataste a alguien alguna vez?
                         sus hijos desean saber
no sabría decir
    uno dispara al enemigo invisible
        no se sabe

                *   *   *

   Una bolsita sellable
   tres libras de cenizas,
   hasta sus pestañas
       y lengua
no estoy preparada para esto
    rápidamente vuelvo a empacar la caja
la meto en el clóset   para otro día
mi suegro
el abuelo de mis hijos
              sucumbió al mal de Parkinson
    que le robó la mente
    el andar
    la confianza para bajar las escaleras
la mente enyerbada de efectos secundarios

                *   *   *

"¿Cómo te fue en la cosecha de melones?", me pregunta.
¿Melones? ¿Melones? Una vez pizqué frambuesas,
en Dinamarca, hace mucho tiempo.

¿Acaso cree que cosecho porque soy mexicana?
   una especie de trabajadora inmigrante
    cultivo palabras
     y pizco poemas
      pero, ¿melones?
intento con todas mis fuerzas no reír
        la angustia como una navaja
   taja los ojos de la abuela
    disculpen- lo
no solíamos ser así

      *   *   *

Él procede a instruirme en la
manera correcta de matar
   10, 0 0 0 c e r d o s
 paso a paso
  escala industrial
   las cosas que hay que evitar
       consejos ganados a pulso
 imperio productor de salchichas que
comenzó en el cobertizo de Peter
    con la receta de su mujer
luego vinieron los Sons, Inc.
   no hay que olvidar el procedimiento adecuado
     preciso como un reloj

      *   *   *

Ese hombre que bailó
                  tieso
  conmigo el día de mi boda
  cumpliendo con su deber
                  las expectativas
Ese hombre que dirigió a miles
  y conocía a cada uno por su nombre
Ese hombre que llevaba a sus hijos de cacería
  y complacía a sus hijas cuando estas iban de compras
      ahora una sombra

                *   *   *

Un día se rellena la boca de uvas
      rocía diarrea por la inmaculada habitación de dos
      camas individuales
                           junto al lago
  su esposa crucificada
      maldice al Señor-en-muletas
él escupe aserrín y dinamita
            limpieza urgente de alfombras
  mi cuñado resulta
      el héroe del día

                *   *   *

Aún no estoy lista   para guardar las cenizas
  en la urna de bronce del mono chino
(las hijas de Annie meten los dedos en las cenizas

      dejan una estela por los muebles
                una conexión sensata
      con su abuelo)

   un recuerdo comunitario
de fibras rotas
                una rasgadura/una lágrima de más
        o de menos
   réquiem para un hombre amoroso
        cuya mente comenzó a morir   hace mucho
distante
            entre matanzas de cerdos y cosechas de
melones.

Darkness

to Diallo

beads of sweat
    rocío sobre tu piel de durazno
        the difficult breathing
    of a good nightmare
growing limbs
    perfectly molded lips
            you mumble
heart to heart
    antidote to monstruos
canciones de cuna
        big boy that you are
  los cochinitos, la muñeca fea
    simple gifts
you mumble sweet nothings
      in your sleep
 crew cut   crespo y sudoroso
manitas toscas on your chest
            de angelito
    que Dios te bendiga
        ahora y siempre
            mi niño
    bueno de la luna verde

Oscuridad

Para Diallo

gotas de sudor
    rocío sobre tu piel de durazno
       la respiración difícil
     de una buena pesadilla
extremidades que crecen
    labios perfectamente moldeados
          hablas dormido

alma con alma
      antídoto para los monstruos
canciones de cuna
        qué grande estás ya
los cochinitos, la muñeca fea
Simple Gifts
balbuceas palabras de amor
      entre sueños
  pelo bien recortado   crespo y sudoroso
manitas toscas en tu pecho
            de angelito
    que Dios te bendiga
        ahora y siempre
              mi niño
    bueno de la luna verde

Por el camino andamos

To Sophie

I want to show you the world,
How to move about in it
With confidence,
Armed with maps and common sense,
Like a woman about town,
Be it Hong Kong or New York,
Ubud or Mexico City.

My own mother was incapable
Of functioning in the world without
My father, our official face to the world, the one who
Asked for directions, made phone calls,
Found hotel rooms, negotiated with strangers,
Was at the wheel and at the
Head of the table, disciplined us and set
Limits, spoke to policemen after a crash. *Tú, tú diles.*
Tú, tú ve.

I wanted to be a sophisticated traveler
Like him, go into a restaurant alone and feel
Comfortable, go up and down the streets of a
Strange city, armed with maps and common sense,
Asking questions of strangers,
Eating at their tables,
Drinking their wine.

So far, so good. I get up
Early to study our route, trace
It on the map, compare bus to
Subway routes, map our destination
For the day, but be ready to improvise.

Hija, dame la mano, I want to show you
The world.

Por el camino andamos

Para Sofía Luz

Quiero mostrarte el mundo
Cómo desenvolverte en él
Segura de ti misma,
Armada de mapas y sentido común,
Como una mujer de mundo,
Ya sea por Hong Kong o Nueva York,
Ubud o la Ciudad de México.

Mi propia madre era incapaz
De funcionar en el mundo sin
Mi padre, nuestro rostro oficial al mundo, quien
Pedía indicaciones, hacía llamadas,
Encontraba cuartos de hotel, negociaba con extraños,
Iba al volante y se sentaba
A la cabecera de la mesa, impartía disciplina y fijaba
Límites, hablaba con la policía después de un accidente. *Tú, tú diles. Tú, tú ve.*

Yo anhelaba ser una viajera sofisticada
Como él, ir a un restaurante sola y sentirme
A gusto, ir y venir por las calles de una
Ciudad extraña, armada de mapas y sentido común,
Preguntando a extraños,
Comiendo a sus mesas,
Tomando su vino.

Hasta ahora todo bien. Me levanto
Temprano para estudiar nuestro recorrido, trazarlo
En el mapa, comparar rutas de autobús
Y metro, hago planes para
El día de hoy, pero siempre dispuesta a improvisar.

Hija, dame la mano, quiero mostrarte
El mundo.

Boys Punching Walls

when words fail to form
  or go unheard
or hurt
  sometimes snaps
smash   boom   zap
  against wall
  against will
  against world

boys punching walls
when words fail them
  when hot anger
rises
  from the pit of the stomach
to arm   to hand
  to solid wall

boys punching walls
  "better a wall than a person"
  "it hurts me more than it hurts you"
because we know
      many punches later
life punching us into softness
  life shattering illusions

boys punching walls

testosterone surges
incipient warrior fist
hot magma bursting
    busting out of
      dazzled soul

boys punching walls
before they learn
  to open   that   fist

Chicos apuñeteando paredes

Cuando las palabras no se forman
 o no son escuchadas
o el dolor
 a veces se quiebra
zape rácatelas pum
  contra la pared
  contra la voluntad
  contra el mundo

chicos apuñeteando paredes
cuando las palabras les fallan
 cuando la furia en caliente
se eleva
 de la boca del estómago
al brazo a la mano
 a la dura pared

chicos apuñeteando paredes
 "mejor una pared que una persona"
 "me duele más a mí que a ti"
porque sabemos
  muchos puñetazos después
la vida apuñeteándonos hasta suavizarnos
 la vida destrozando ilusiones

chicos apuñeteando paredes

oleadas de testosterona
pararrayos humano
puño de guerrero incipiente
magma hirviente haciendo erupción
      sale disparada
           de un alma azorada

chicos apuñeteando paredes
  antes de aprender
    a abrir   ese   puño

Divertissement on a Trip to Veracruz

trumpet flower paradise   guacamaya's beak   sugar mill coffee
   nearness of ulcers   chacuaco chimney   habitually malicious
always generous
to the very end   fertile heat spitting petals   lining up for
luck, but when

red-black lips face the chalice   golden curls   wild blue
ocean   agar of stinging medusas   shadowy saltimbanco
dawn's harlot   not knowing where or with whom
      no craving like burros in hand
tricolored fish   Machiavellian encounters among
piranhas

technicolor flannel   maids' legs   diamond paper ladies
rubber flip flops
      heartlicking blood   fat-free tutti-frutti   rivalries
among obtuse words   petty quarrels like in any group
places that exclude themselves   voices privileged not to sing
mozambican hospitality   burning hot beach   gray hairs
flagellum and what do you think
         on the useless surface of things   curtains of words and
stammers   since everything has to be white   famished
pups   predators of sleep   thunderclap slap
            coagulated worms within   helluva hangover
shimmering lilies
a bowl of broth with lime   from kitchen to bathroom

from bathroom to bedroom
for the sake of good manners   few pesos in my purse gnaw
at me   silver ring swing   sharp-pointed magueys
thorny plots of land   pulque heart   adobe overcoat
   huarache embroidered with sierra madre and señoritas
mountain sausages
      hand of mist   thick clouds come down
to drink

sanitary napkins moo   salespeople eager for grandparents
grandchildren's teeth
   brushed by eyelashes.

Divertimento sobre un viaje por Veracruz

paraíso floripondio   pico de guacamaya   café trapiche
cercanía de úlceras   chacuaco   malicioso por
costumbre   siempre generoso   hasta sus
últimas letras   calor fértil escupe pétalos   enfilarse
cuándo hacia la suerte

labios rojinegros frente al cáliz   rizos dorados   mar azul
destemplado   aguamala agar de peces   turbio
saltimbanqui   meretriz del amanecer sin saber
por dónde ni con quién   nada se antoja como burros
en la mano
peces tricolores   maquiavélicos encuentros   entre pirañas

tecnicolor de franela   piernas de sirvienta   señoras de
papel diamante   chanclas de hule   sangre lame
corazones   tutifruti sin calorías   rivalidades de palabras
obtusas   rencillas como en cualquier grupo   lugares
que se autoexcluyen   voces privilegiadas para no cantar
agasajo de mozambiques
playa candente   canas flagelos   y tú qué opinas
en la superficie vana de las cosas
      cortina de palabras y balbuceos   como todo tiene que
ser blanco   cachorros del hambre   predadores del
sueño   chaz te trueno
gusanos coagulados dentro de jaranera miseria

azucenas humeantes

tazón de caldo con limón   de la cocina al baño   del baño
a la alcoba
para las buenas costumbres   me remuerden pocos pesos en
la bolsa   con sortijas de plata remecían
magueyes puntiagudos   parcelas de espinas   corazón de
pulque
abrigo de adobe   huarache bordado de sierras madres
y señoritas   chorizos serranos   manos de niebla
        espesas nubes bajan a beber

toallas sanitarias mugen   vendedores deseosos de
abuelitos   muelas de nietos bañados al interior de
pestañas

Rancho Coyote

The house newly painted,
the kitchen can breathe again
in a pale yellow
with its stains, the years
and the passage of time.

Outside *los purple martins*
make their nests
as they do each spring
with hope brought
from Brazil,
cleansing the air of insects
and feeding their young

The women write,
reconnecting with one another
and their own essence, poking
around their inner beings, searching,
taking deep breaths
and letting themselves
not be in a hurry, recalling
their ancestors
and the long road they had traveled

Veils are lifted
from my heart

laying open
within the exposed
beats, false steps,
memories
my life marching by
second by second
like in the movies

Silence descends
like fog
covering us to saturation
we allow our beings to be lost in it
only to hear ourselves better
and find the road
that leads us home

Rancho Coyote

La casa pintada,
la cocina respira de nuevo
en amarillo pálido,
las manchas, los años,
el paso del tiempo.

Afuera las golondrinas purpúreas
hacen sus nidos
como cada primavera,
con la esperanza traída
desde Brasil,
limpian el cielo de insectos
y dan de comer a sus crías

Las mujeres escriben,
se reconectan unas con otras
y con su propia esencia
hurgan, buscan,
respiran hondo
y se dejan ser
sin prisas, recordando a los
antepasados
y su largo caminar

En mi corazón
velos se descubren

se abren
dejan ver en el interior
latidos, pasos en falso,
recuerdos
mi vida desfilando
momento a momento
como en el cine

El silencio desciende
como la niebla,
nos cubre, nos satura,
nos dejamos perder en ella
para escucharnos mejor,
para encontrar el camino
de vuelta a casa.

Mundo y espíritu: *Spiritus mundi*

shaman if lightning strikes

Ignite each cell with

Ancient awareness

Invite lightning to pierce my being

To weather me in one swift stroke

Wet feet

Charred redeemer

  Of the hungry

     Finding herbs

         Mixing potions

             Speaking to the wind

curandera si me cae un rayo

Encender cada célula con

Conciencias antiguas

Invitar al rayo a penetrar mi esencia

A curtirme por dentro de un solo tajo

Pies mojados

Chamuscada redentora

   De hambrientos

   Buscaré las hierbas

      Mezclaré las pócimas

         Hablaré con los vientos

The Museum of the Río Grande

We're the invisible faces,
those who prepare your meals
and tend to your gardens and children.
We're that generating force
close to the land and its fruits,
the salt of the earth with our
swarthy complexions and weathered
life-giving hands.
We're your food and your sustenance,
your profits and your ease.

Look straight at us
and see in our appearance
this duskier hue
that is also part
of this country and its riches.

The giant is waking,
speaking, shouting,
emerging and rising up.
Now we are visible,
awakening fear
and mistrust.
With Mexican, Salvadoran and Guatemalan
flags over our shoulders,
all peacefully dressed in white,

the southwest's history comes alive
and yet again reminds us
who arrived here first.

So let's build a Museum of the Río Grande
and of the Río Bravo, too, where those who
didn't land here through that glorified Ellis Island
may be remembered
and honored as well, those who crossed
the river at midnight, naked as
the day they were born,
> in a second baptism
> an act of faith
> a leap into the unknown

wrapped in the hopes of a
better tomorrow.

See how they crossed and how they were pursued.
This is the checkered shirt one wore, these
the jugs of water another drank from in the desert.
Here is someone's baptism medallion, here the
journal one kept. This is an image of the Virgin
of Guadalupe another carried in his pocket, this
the wedding ring found beside a *maguey*. These
worn-out shoes clambered over
huizache fields and stones,
high fences and viper nests.
These were our ancestors,
our contemporaries and heroes,

the ones who built this *café con leche* country.
Let's honor their memory
in the new Museum of the Río Grande.

El Museo del Río Grande

Somos el rostro invisible
somos quien prepara las comidas
y tiende jardines y niños.
Somos la fuerza dadora
cercana a la tierra y sus frutos.
Somos la sal de la tierra,
rostros morenos, manos curtidas,
manos que dan vida.
Somos tu alimento y tu sustento,
tu comodidad y tu ganancia.

Venos a la cara
reconoce en nosotros
la sombra morena
que también es parte
de este país y su riqueza.

El gigante se despierta,
habla, grita, se manifiesta,
se levanta.
Ahora somos visibles
y despertamos el miedo
y la desconfianza.
Banderas mexicanas, salvadoreñas, guatemaltecas
sobre nuestros hombros,
vestidos de blanco en son de paz,

la historia del suroeste cobra vida
y de nuevo nos recuerda
quién llegó aquí primero.

Construyamos el Museo del Río Grande,
del Río Bravo, donde aquellos que
no llegaron por la glorificada Ellis Island
sean recordados
y honrados. Aquellos que cruzaron
el río a media noche, desnudos como Dios
los trajo al mundo,
> un segundo bautizo
> un acto de fe
> un salto a lo desconocido

abrigados por la esperanza de un
mañana mejor.

Así cruzaron, así los persiguieron.
Esta camisa a cuadros llevaba, de estos
galones de agua bebía por el desierto,
esta medallita de bautizo llevaba uno, este
diario escribió otro, esta imagen de la Guadalupe
llevaba aquel en el bolsillo, esta sortija de matrimonio
fue encontrada junto a un maguey, estos zapatos
desgastados atravesaron
huizaches y piedras,
bardas altas y nidos de víbora.
Ellos, nuestros antepasados,
nuestros contemporáneos, nuestros héroes,

los constructores de este nuevo país café con leche.
Honremos su memoria
en este nuevo Museo del Río Grande.

Kin

Guitar case in hand
I make my way to the Dallas
airport restroom.

The woman with the mop
  and broom cart
smiles as I rush in.

Minutes later
  the lavender thread of
 her voice
rises above the line of sinks
  and bathroom stalls
hushing air dryers.

A sentimental
        lament
for the home she left behind
 bursts through
for my ears only.

The premature lines,
her deep kohl-rimmed eyes,
  the hairnet askew.
   The day's weariness
  washes away.

She tells me she sings with her husband
  and their friends,
especially now,
  after seven years of war
    displaced
  far away from Iraq.

She points at my guitar.
For that moment
  we're kin.
Her sad songstress eyes
  look longingly to the East
while I look West.

Parientes

Estuche de guitarra en mano
entro al baño en el aeropuerto
de Dallas.

La mujer con el trapeador
  y el carrito de las escobas
me sonríe al apresurarme dentro.

Minutos después
  el hilo lavanda de
  su voz
se eleva sobre la hilera de lavabos
  y casillas de baños
acallando los secadores de manos.

Un lamento
    sentimental
por el hogar que dejó atrás
  hace erupción
    sólo para mis oídos.

Las arrugas prematuras,
los ojos profundos delineados con lápiz kohl,
la red para el pelo chueca.
   El cansancio del día
  se desvanece.

Me dice que canta con su esposo
  y sus amigos,
sobre todo, ahora,
 después de siete años de guerra
  desplazada
muy lejos de Irak.

Señala mi guitarra.
En ese instante
 somos parientes.
Sus tristes ojos de cantora
 miran con añoranza al este,
mientras yo miro al oeste.

The Candelaria Festival

Elegy for a wayfarer

I walk along your paths lined
with trees in the French style
since Porfirio Díaz's time.
Vendors offer plants
for sale anywhere you go
from the humblest of cacti
to medicinal herbs for
diabetes, rheumatism or
arthritis. A man sells coconuts
at thirty pesos a pop
machete in hand.

Now my visits
to Mexico fill me
with longing.
I miss my *papi*
and his slow amble,
his curiosity about "everything
pretty there's to see
in the street,"
the way he strolled along
and went out to meet
the world head on.

Today I paused
to watch a man making

pottery in the
park, pumping away
at the wheel with his foot,
molding a jug
with skilled hands,
giving it form
creating something useful and beautiful
out of a shapeless lump.

Near the end of his life my father
would see things, pointing at a picture
drawn in pencil on the wall and saying:
"That's you as kids."
My indulgent,
food-loving,
chatty, jokester
pensive, intelligent dad.
Walking on the cobblestones today
I recalled your steps in this world
and my heart skipped a beat
remembering you walking through
the airports, almost blind,
relying on the goodwill of other passengers,
but with that yearning, that
longing, that stubbornness
to go on.

February 4, 2017
San Miguel de Allende, Guanajuato

La feria de la Candelaria
Elegía a un caminante

Camino por tus senderos arbolados
estilo francés
desde la época de Don Porfirio.
Los vendedores de plantas
las ofrecen por doquier
desde los humildes cactos hasta
las hierbas medicinales para
la insulina, la reuma o
la artritis. El hombre que vende cocos
a $30 pesos cada uno
machete en mano.

Las visitas a México me
llenan ahora de
melancolía.
Me hace falta mi papi
con su caminar pausado,
su curiosidad por "todo lo
bonito que hay que ver
en la calle",
su modo de pasear,
de salir a encontrarse
con el mundo.

Hoy me paré
a ver al hombre que hacía
vasijas de barro en el
parque, empujando
la rueda con el pie,
artesano del barro
moldeaba un tarro
con sus hábiles manos,
dándole forma
creando algo útil y bello
de un poco de arcilla.

Al fin de su vida mi papi ya alucinaba.
Nos veía en un dibujo pintado
a lápiz en la pared:
"ustedes de niños".
Mi papi consentidor
mi papi goloso
mi papi platicador y bromista
mi papi pensador e inteligente.

Al caminar hoy por el empedrado
recordé tus pasos por el mundo
se me encogió el corazón
de recordarte caminando por
los aeropuertos, casi ciego,
a la buena de otros viajeros,
pero con ese anhelo, esas

esas empecinadas ganas
de vivir.

4 de febrero de 2017
San Miguel de Allende, Guanajuato

I see the Big Bang in your eyes

I gaze into your eyes
and we are same looking into same
since the time before we were born
Your blue eyes wander right and left
then relax
we look past time and space
the neighboring houses
the country
the planet
all the way to the galaxy and the Big Bang

Is this the same awareness
since before humans existed?
Is this the same awareness
since before we were born?

If animals and rocks share
this knowing
why hunger, why war?

I gaze into your eyes
and see me, see all of us,
see my Neanderthal ancestors
my DNA branches splitting
in one unbroken chain.

Veo el Big Bang en tus ojos

Te sostengo la mirada
y somos lo mismo mirando a lo mismo
desde antes de que naciéramos
Tus ojos azules oscilan de izquierda a derecha
luego se relajan
vemos más allá del tiempo y el espacio
a las casas vecinas
el país
el planeta
hasta la galaxia y el Big Bang

¿Es la misma conciencia
desde antes de que existieran los humanos?
¿Es la misma conciencia
desde antes de que naciéramos?

Si los animales y las rocas comparten
este conocimiento
¿por qué el hambre? ¿por qué la guerra?

Te sostengo la mirada
y me veo a mí, a todos nosotros,
veo a mis antepasados neandertales
mis ramas de ADN dividiéndose
en una cadena intacta.

Fairy Dust

She looked at me,
her eyes zigzagging
she felt herself seen
questioned, perhaps
a woman-protest-sign
between two bathrooms
at the airport.

No sign, no words,
just her presence
on a Thursday morning
in Charlotte, North Carolina.
Her frilly white dress
her white tights and
white platform heels
fairy white hair
and lacey dark eyebrows
framing her mustache
and beard.
A person. A sign. A stand.
An interrogation.

She stood quietly, maybe
waiting to use the restroom.
Not knowing which
not knowing how

calling our attention
declaring her right to exist.

Polvo de hadas

Ella me miró,
sus ojos zigzagueando
se sintió vista
cuestionada, quizá
una mujer-signo-de-protesta
entre dos baños
en el aeropuerto.

Sin un letrero, sin palabras,
tan sólo su presencia
un jueves por la mañana
en Charlotte, Carolina del Norte.
Su vestido blanco de holanes
sus mallas blancas y
zapatos blancos de plataforma
pelo blanco de hadita
y cejas oscuras como encaje
enmarcando su bigote
y barba.
Una persona. Un símbolo. Una postura.
Una interrogación.

Ella se paró en silencio, quizá
esperando a usar el baño.
Sin saber cuál
sin saber cómo

llamándonos la atención
declarando su derecho a existir.

La gruta

Para Sandra

I

Chorro de agua
on my baby soft spot
en la mollera
volcanic water
hot womb
surrounds my dried body
    chorro
    purifícame
    chorro
    despiértame
    chorro
    bendíceme
eighty tons of water
pounding my crown
tired back
achy hips
opening opening opening

Back to El Bajío
the Mother Land
donde mi mamá nació y creció
the earth still heats up
this magma water

II

We sing in caves
echo one another
La Bella Durmiente
an aria in your soft tremolo
O Sole Mío
Farolito
In this primordial space
Waters Heal
muscles let go

somos amibas
aguamalas
nenúfares
esta bóveda de piedra
   encircles us
we line up
among the old and the newly young
waiting our turn

chorro on heart chakra
these changed breasts
water massages my rump
hips, thighs, neck,
I let go
breath finds me
   washed ashore

III

I float back
on this birth canal
light filters through
   palm fronds
pirul
I come out onto a larger pool
floating adrift   lighter than sound
the body remembers.

San Miguel de Allende, Guanajuato, México. Feb. 2, 2016.
Día de la Candelaria.

La gruta

Para Sandra

I

Chorro de agua
en la mollera
agua volcánica
vientre hirviente
rodea mi cuerpo reseco
   chorro
   purifícame
   chorro
   despiértame
   chorro
   bendíceme
ochenta toneladas de agua
aporreándome la coronilla
espalda cansada
caderas adoloridas
se abren   abren   abren

De regreso al Bajío
a la madre patria
donde mi mamá nació y creció
la tierra todavía calienta
esta agua de magma

II

Cantamos en cuevas
nos hacemos eco
La Bella Durmiente
un aria en tu suave trémolo
O Sole Mío
Farolito
En este espacio primordial
las Aguas Sanan
los músculos se aflojan

somos amibas
aguamalas
nenúfares
esta bóveda de piedra
  nos rodea
hacemos fila
entre los viejos y los nuevamente jóvenes
esperando nuestro turno

chorro en la chakra del corazón
estos pechos cambiados
el agua me masajea el trasero,
las caderas, los muslos, el cuello,
y me dejo ir
el aliento me encuentra
  en la orilla   tras el naufragio

III

Floto de nuevo
en este canal del parto
la luz se filtra a través
  de las hojas de palma
pirul
emerjo a la alberca más grande
flotando sin rumbo   más liviana que el sonido
el cuerpo recuerda.

San Miguel de Allende, Guanajuato, México. 2 de febrero de 2016. Día de la Candelaria.

Bios and Acknowledgements
Notas biográficas y agradecimientos

Photo credit: April Kayganich

Author bio

LILIANA VALENZUELA is the author of *Codex of Journeys: Bendito Camino* (Mouthfeel Press, 2013) and several artisan chapbooks. Her poetry has appeared in the *Edinburgh Review, Indiana Review, Tigertail, Huizache, Borderlands, Drunken Boat*, and other publications. She has received writing awards and recognition from Luz Bilingual Publishing, Austin International Poetry Festival, Drunken Boat, Indiana Review, Austin Poetry Society, and the Chicano/Latino Literary Award, and has held residencies at Writers' Colony at Dairy Hollow and Vermont Studio Center. An acclaimed translator of U.S. Latinx writers Sandra Cisneros, Julia Alvarez, Denise Chávez, Dagoberto Gilb, Cristina García, and others, Valenzuela was a guest of honor at the Congreso de la Real Academia de la Lengua Española in Córdoba, Argentina, in 2019. An inaugural CantoMundo fellow and a long-time Macondo Writers Workshop member, she writes poetry, essays, journalism, and is currently working on a memoir. She is the former editor of *¡Ahora Sí!*, the Spanish publication of the *Austin American-Statesman*, and is now a staff translator for Aparicio Publishing. She holds B.A. and M.A. degrees in Anthropology from the University of Texas at Austin. A native of Mexico City, Valenzuela lives and works in Austin, Texas. www.LilianaValenzuela.com. Twitter: @LiliVale. Instragram: @LiliVale299

Valenzuela wrote the following poems in English and translated them herself into Spanish: "Solstice Moon," "Best Western Motel on Hwy. 290," "Q. Skin," "Home," "Tríptico: 'On the

Beach,'" "The Desk Drawer," "Pan," "Pas de Deux," "Grandpa's Ashes," "Darkness," "Por el camino andamos," "Boys Punching Walls," "Kin," "I see the Big Bang in your eyes," "Fairy Dust," and "La Gruta."

Translator bios:

ANGELA McEWAN (1934-2015)
A native of Los Angeles, McEwan lived in Mexico, Nicaragua, and Spain. With a B.A. in English from the University of Mary Hardin-Baylor, Belton, Texas, and an M.A. in Spanish from the University of California at Irvine, McEwan took graduate classes at the University of Texas at Austin. She was a court interpreter certified for both state and federal courts, and was also certified by the American Translators Association. As an actress, she appeared in the theater, films, television, and radio plays, most notably the Oscar-nominated movie *Nebraska*.
McEwan translated the following poems into English: "Where I'm From," "Embajadoras Park, Guanajuato, Mexico," "Church of the Sacred Heart: Guanajuato, México," "Silver Hand/Mano de plata," "Circles," "Kiss," "Your Head," "Damned Dream," "A. Life Force," "The Museum of the Rio Grande," and "Divertissement on a Trip to Veracruz."

G.J. RACZ is professor of Foreign Languages and Literature at LIU Brooklyn, review editor for *Translation Review*, and a former president of the American Literary Translators Association (ALTA). His translations of plays by Cervantes, Lope de Vega, Calderón de la Barca, and Sor Juana Inés de

la Cruz are featured in *The Golden Age of Spanish Drama: A Norton Critical Edition.*
Racz translated the following poems into English: "My Mother's Tears," "Goddess of the Terraced Roof," "Click," "The Stray Lamb," "The Candelaria Festival," and "Rancho Coyote."

FRED FORNOFF was a professor of Spanish and Humanities at the University of Pittsburgh at Johnstown. A past president of the American Literary Translators Association (ALTA), he received two NEA Fellowships for poetry translation projects (Guillermo Carnero and Laureano Albán), as well as a 1980 Fulbright Fellowship to conduct research on Spanish Golden-Age drama in Madrid. *The Underdogs*, his translation of Mariano Azuela's novel of the Mexican revolution, is available from Waveland Press.
Fornoff translated "Today I Stop the River in Its Track" into English.

ARTURO SALINAS is an internationally performed composer from Mexico, who's also been active as a poetry translator for over 35 years. He has translated Neruda, as well as Rosario Castellanos, Gabriel Zaid, and other Mexican poets from Spanish into English. Among his translations is *Sofia*, a book of poems by Joan Logghe (La Alameda Press). He is based in Tepoztlán, Mexico.
Salinas translated "Untitled" into English.

Acknowledgements

Bursting with gratitude, I thank everyone who helped make this book a reality. Thanks a million to poet Edward Vidaurre of FlowerSong Books for publishing this collection and welcoming me into the FS familia. Thank you also to my other literary familias: Macondo Writers Workshop for feeding my soul all these years and broadening my horizons, and Canto-Mundo, for singing verses alongside me and inspiring more.

And to my blood, writerly, and extended-friend familia: Sandra Cisneros, always; Stuart Bernstein, Mago; Susan Bergholz, there at the beginning; Pat LittleDog, Muse; Tammy M. Gómez, conspirator; Celeste Guzmán Mendoza, Michael Mendoza, and Jaguar, Trio Valendoza; Ranchito Writers; Vicente Lozano, Belinda Acosta, and i'rene lara silva, Tragafuegos; Anjela Villarreal-Ratliff, Gloria Amescua, Lydia Armendáriz, Mujeres Morenas and Austin Hispanic Writers; Macondo Writers Workshop; CantoMundo; Nora Comstock, Las Comadres Book Club; Tony Beckwith, Marian Schwartz, Eduardo Aparicio and colleagues, LitSig at AATIA; Carolina Valencia, photographer and most lovely comadrita; Janice Lowry and Marty Hancock, sisters; Debbie Dyson, Hallie Braje, Robin Perras, and Christine Yonge, brave Spice Girls; Austin Zen Center; Vermont Studio Center; The Writers' Colony at Dairy Hollow; María Miranda Maloney, Mouthfeel Press; BookPeople, BookWoman, Resistencia Bookstore, and Malvern Books, indie bookstores; ALTA, for inspiration; ¡*Ahora*

Sí!; Aparicio Publishing; the Valenzuela and Aguilera clans, the Eckrich clan; my sister Cynthia Valenzuela, harpist and healer, and Alfonso Valenzuela Aguilera, author and scholar; Ana María Rosas Mantecón and Silvia Fernández Risco, amigas del alma; Lucha Corpi, Benito Pastoriza Iyodo, Sehba Sarwar, Sandra Cisneros, Celeste Guzmán Mendoza, and Diana Marie Delgado for the blurbazos and for believing; and to my beloved George, Sophie, Leland, and Diallo, love u x-ever.

I pay homage to my late translators: Angela McEwan, a delightful friend who lived a full artistic life into her 80's, and Fred Fornoff, for his love of Spanish literature. And to G.J. Racz, Tony Beckwith, and Arturo Salinas, you make this collection richer.

To the memory of my parents Alfonso Valenzuela Díaz and Marcela Aguilera de Valenzuela, and my sister, the artist Elizabeth Valenzuela Aguilera, infinitas gracias por todas sus bendiciones.

Grateful acknowledgement is made to the editors who first published these poems:

Anomaly Press (CantoMundo folio no. 1), "I see the Big Bang in your eyes."

Latinas: Voices of Protest and Struggles in the 21st Century USA: "Fairy Dust" and "La gruta". (Red Sugarcane Press).

Diálogo: "Las lágrimas de mi madre."

Huizache: The Magazine of Latino Literature: "De dónde soy."

Cantar de espejos: Poesía testimonial chicana de mujeres: "2 de noviembre de 1998," "De dónde soy," and "Oscuridad."

Antología Canicular: "De dónde soy," "Nov. 2: On the Eve of Becoming an American Citizen," "Círculos," "Sin título," "Tu cabeza," "Beso," "Pregunta: Piel/Respuesta: Impulso vital," and "Curandera si me cae un rayo."

Ventana Abierta: Revista Latina de Literatura, Arte y Cultura: "Las lágrimas de mi madre."

Borderlands: Texas Poetry Review: "Tríptico: On the Beach."

Antología de literatura latina: Cruzando puentes, número especial de Ventana Abierta: Revista Latina de Literatura, Arte y Cultura: "El Museo del Río Grande."

Drunken Boat: "Nov. 2, 1988: On the Eve of Becoming An American Citizen."

Telling Tongues: A Latin@ Anthology on Language Experience: "Nov. 2, 1988: On the Eve of Becoming An American Citizen."

BorderSenses: "El Museo del Río Grande."

Edinburgh Review: "Darkness," and "Nov. 2, 1998: On the Eve of Becoming An American Citizen."

Antología de Mujeres Poetas en el País de las Nubes (México): "Iglesia del Sagrado Corazón, Guanajuato, México," "Divertimento sobre un viaje por Veracruz," and "Sueño maldito."

Anniversary DiVerseCity: "Darkness."

Tres Di-Verse-City: "Nov. 2, 1998: On the Eve of Becoming an American Citizen."

New Press: "Silver Hand."

Awards for some of these poems

2009
The Border/Lines Award: "*Por el camino andamos.*" Judge: Benjamín Alire Sáenz.

2007
Inaugural Panliterary Awards Competition poetry finalist: "Nov. 2, 1988: On the Eve of Becoming An American Citizen." *Drunken Boat* # 8, Judge: Amy Finch.

1999
Christina Sergeyevna Award. Austin International Poetry Festival.
First place for bilingual poem: "November 2, 1998: On the Eve of Becoming an American Citizen."

www.ingramcontent.com/pod-product-compliance
Lightning Source LLC
Chambersburg PA
CBHW021104080526
44587CB00010B/370